Come studiare?

Di

Vania Morrison

Contenuti

Capitolo 1

Come iniziare a studiare

Anche se lo studio è una componente cruciale della scuola, molti studenti lo trovano una delle maggiori sfide. Non sei l'unico che trova difficile studiare attentamente. Prendi l'abitudine di studiare alla stessa ora ogni giorno, di dividere il tuo lavoro in parti gestibili e di scegliere un regalo per te dopo aver finito. Con la pratica, puoi trasformare lo studio in un'attività produttiva che pone fine al ciclo di colpa e procrastinazione.

Metodo 1: motivare te stesso

1. **Tieni un elenco dei fattori che motivano il tuo desiderio o bisogno di imparare.**

Qualunque siano le tue motivazioni, mettile per iscritto e conservale in un posto dove le vedrai spesso. Leggili di nuovo ogni volta che hai voglia di perdere una sessione di studio per riaffermare il tuo impegno a fare del tuo meglio.

Lo studio può essere fatto per una serie di motivi, come conservare una borsa di studio, entrare in un college di alto livello o semplicemente per evitare guai per voti bassi.

Puoi aggiungere qualsiasi motivo, non importa quanto grande o piccolo, al tuo elenco.

2. **Rendi le informazioni secche più coinvolgenti per renderle più semplici da imparare.**

Che cosa hanno a che fare queste informazioni con la mia vita? O "In che modo questo mi avvantaggerebbe personalmente?" Ad esempio, se il libro che devi leggere per la lezione di inglese ti annoia, considera come potresti connetterti con i personaggi per continuare a leggere. Oppure, se hai difficoltà a studiare per la biologia, inizia ad essere curioso di tutto ciò che puoi scoprire su di te e sulle altre creature viventi nel tuo ambiente.

Può essere difficile essere interessati a tutto e alcuni argomenti ti passeranno accanto. Tuttavia, fai ogni sforzo per capire come ciò che stai imparando può essere applicato alla tua vita. Quella particolare connessione potrebbe stuzzicare la tua curiosità abbastanza da mantenerti motivato.

3. **In modo che tu possa vedere la fine che si avvicina, imposta un timer.**

Nessuno vuole passare ore e ore a studiare senza mai fermarsi. Mentre studi, concediti delle pause periodiche e programmate. Per sapere quanto tempo studierai entro la fine della giornata, potresti anche specificare un'ora di fine.

Imposta un timer da 30 a 50 minuti per le tue sessioni di studio effettive, fai una pausa per il tempo assegnato e poi riprendi il tuo lavoro. Se sei consapevole che il timer sta per scadere, studierai in modo più efficace.

Potresti impegnarti a lavorare fino all'ora di cena se studi subito dopo la scuola, ma potresti anche prenderti il resto della serata libera. In alternativa, se studi di notte, imposta un timer per 30 minuti prima di andare a letto per consentire il rilassamento.

4. Al termine di ogni sessione di studio, regalati qualcosa per motivarti.

Questo può essere semplice come concedersi un pezzo delle tue caramelle preferite alla fine di ogni periodo di tempo, controllare Twitter o Instagram per cinque minuti o fermarsi a toccare il tuo gatto.

Organizza un divertente premio alla fine di ogni esame per riconoscere i tuoi sforzi. Rendilo qualcosa che ti piace fare in modo che sembri più significativo dopo aver fatto un test, che si tratti di prendere un caffè con gli amici, fare un lungo bagno o acquistare qualcosa su cui avevi messo gli occhi.

5. **Chiedi l'aiuto di un compagno di studio.**

Non devi necessariamente studiare insieme stando seduti a un tavolo. Invece, questo è qualcuno con cui puoi parlare ogni giorno per aiutarti a rimanere in pista. Potrebbe mantenerti motivato a studiare anche quando non ne hai voglia se sai che devi mandare un messaggio a qualcuno alla fine della giornata per fargli sapere se hai raggiunto i tuoi obiettivi. [6] Se il tuo compagno di studio non ti sente da qualche giorno, puoi chiedergli di mettersi in contatto con te. Questo può aiutarti a riprendere i tuoi piani prima che sia passato troppo tempo.

Metodo 2: creazione di un programma

1. **Rendi lo studio un'abitudine facendolo tutti i giorni alla stessa ora.**

Prendi in considerazione l'idea di alzarti prima di andare a scuola se preferisci che la mattina abbia un po' di tempo per studiare. Se sei un nottambulo, dedicare qualche ora ogni notte può essere l'opzione migliore. Puoi anche impegnarti a iniziare gli studi non appena torni a casa da scuola ogni giorno se vuoi fare le cose in modo da poter passare ad attività più piacevoli.

Se non l'hai già fatto, prova un'agenda giornaliera. Puoi acquistare un pianificatore fisico o utilizzare l'app di calendario sul tuo telefono. Per assicurarti di non dimenticare di bloccare quel tempo per lo studio, pianificalo nel tuo programma giornaliero.

2. Stabilisci un calendario degli esami in modo da poter iniziare a studiare in anticipo.

Metti un esame nel tuo programma non appena lo scopri. Prenditi del tempo per inserire tutte le date di scadenza e le date degli esami significative nel tuo pianificatore se il tuo insegnante ne ha fornito uno all'inizio del semestre.

Ad esempio, sapresti che devi prima studiare per lo spagnolo se sapessi che hai un test di algebra il mercoledì successivo e un test di spagnolo il venerdì successivo.

Anche aggiungere dei promemoria per iniziare a studiare nelle settimane precedenti ad un esame può essere utile! Imposta un promemoria per iniziare a studiare presto, ad esempio, se hai un importante test di inglese tra

3 settimane e hai bisogno di 2 settimane per prepararti.

3. Dividi le informazioni che devi imparare in blocchi gestibili.

Dividi le informazioni in blocchi gestibili in modo da non essere sopraffatto da quanto devi completare. In modo che tu sappia su cosa concentrarti quando ti siedi per studiare, elenca i componenti di ciascun elemento.

Ad esempio, i tuoi pezzi più piccoli potrebbero consistere nella lettura di un capitolo alla volta e nella creazione di schede di vocabolario se il tuo esame di chimica includerà cinque capitoli e parole di vocabolario.

Concentrati sul finire un solo passaggio durante ogni periodo di studio. Metti un segno di spunta accanto ad esso quando hai finito in modo da poter monitorare il tuo sviluppo. Di conseguenza ti sentirai più ispirato e responsabile dei tuoi sforzi accademici.

4. Stabilisci un momento per riposare e rilassarti .

Aspettarsi di poter studiare per cinque ore senza sosta non è realistico: il tuo cervello avrà bisogno di una pausa! Ogni 30 minuti potrebbe essere necessario fare una breve pausa di 5-10 minuti. Prova a studiare per 50 minuti prima di fare una pausa di 10 minuti se hai tempo in più. Quando è necessaria una pausa, alzati, muoviti, prendi un po' d'aria fresca, prendi qualcosa da mangiare o semplicemente chiudi gli occhi per un po'.

Su scala più ampia, durante la stagione degli esami, potresti dover pianificare alcuni "giorni di riposo" per te stesso. Organizza una giornata in cui ti libererai completamente da qualsiasi incarico legato allo studio se sai che studierai diligentemente per alcune settimane.

Metodo 3: rimozione delle distrazioni

1. **Prima di studiare, fai uno spuntino sano e un po' d'acqua per aiutarti a concentrarti.**

Quando ti siedi per studiare, avere fame o sete potrebbe essere una grande distrazione. Gli alimenti zuccherati dovrebbero essere evitati per evitare un crollo successivo. Se devi consumare caffeina, cerca di limitarla a non più di 1-2 tazze di caffè o una soda per evitare di sentirti nervoso. Gli spuntini salutari includono yogurt, hummus, formaggio, popcorn, verdure, frutta, mandorle e formaggio.

2. **Prima di studiare, fai una piccola passeggiata per migliorare la concentrazione.**

Con una sessione di allenamento di 10-15 minuti, puoi bruciare un po' di energia nervosa e aumentare la produzione di endorfine. Sarà più semplice per te concentrarti e ricordare ciò che stai imparando quando ti siedi per studiare dopo.

3. **Trova un'area in cui l'ambiente circostante non ti distragga.**

Potrebbe essere necessario scegliere un nuovo spazio studio se sei tentato di pulire la tua camera da letto o se vivi in un ambiente rumoroso. Allo stesso modo, potresti dover stabilire dei limiti se vuoi studiare con i tuoi amici ma scoprire che non puoi concentrarti senza essere distratto.

L'ambiente migliore per studiare è in genere quello privo di immagini e suoni che ti disturberanno.

4. **Tutti i tuoi dispositivi elettronici che non utilizzerai per studiare dovrebbero essere spenti .**

In alternativa, se devi utilizzare il telefono come timer, impostalo in modalità aereo per impedire la ricezione delle notifiche. Riponi il telefono in un posto in cui non sarai tentato di guardarlo, ad esempio in un'altra stanza, ed evita di avere la TV accesa in sottofondo.

Puoi anche utilizzare diverse app eccellenti per limitare la quantità di tempo che trascorri sul telefono. Alcune persone hanno la possibilità di vietare l'accesso a determinati siti Web durante determinate ore. Fai ciò che ti si addice meglio, che si tratti di andare completamente offline o di mettere in atto determinate restrizioni.

5. Se scegli di ascoltare musica mentre studi, sii selettivo.

Alcune persone trovano la musica una grande distrazione. Altri, invece, potrebbero scoprire che un po' di musica di sottofondo rilassante aiuta la concentrazione. Per determinare quale metodo è più efficace per te, prova a studiare con e senza musica di sottofondo.

Riprodurre un po' di musica rilassante con le cuffie mentre studi in un'area pubblica può aiutarti a bloccare tutto ciò che accade lì. La musica strumentale è in genere la più efficace per la concentrazione.

6. Inizia impostando un timer di 10 minuti.

Anche se può sembrare facile, l'ostacolo più difficile per prendere sul serio il tuo apprendimento è spesso solo l'inizio. Imposta un timer e prendi l'impegno di finire il lavoro a portata di mano. Imposta il timer per altri 15-20 minuti dopo che è scattato prima di fare la tua prima pausa. Una volta che inizi, andare avanti sarà più semplice.

Non arrabbiarti se ti senti indietro o come se avresti dovuto iniziare a studiare settimane fa. Iniziare subito è preferibile che iniziare dopo.

capitolo 2

Come studiare in modo intelligente?

Puoi dedicare più tempo allo studio o imparare a studiare in modo efficace per aumentare i tuoi voti. Questo è il numero di ore in una settimana. Se sei uno studente, probabilmente ritieni che questo sia insufficiente. Dopotutto, hai un sacco di compiti, progetti e test da completare. Hai anche altre responsabilità e obblighi. Inoltre, desideri una vita sociale. Non sarebbe bello se potessi ottenere buoni voti, studiare in modo più efficace (piuttosto che più duramente) e mantenere una vita equilibrata?

L'obiettivo fondamentale dell'istruzione non è ottenere voti perfetti. Ma padroneggiare l'arte dell'apprendimento è un'abilità essenziale nella vita.

Muoviamoci. Ecco 20 strategie scientifiche per un apprendimento rapido.

Come imparare in modo più efficace e intelligente

Imparare a studiare è essenzialmente la stessa cosa dello studio intelligente.

Questo contiene tecniche per apprendere in modo più efficace e rapido conservando le informazioni più a lungo.

1. Acquisire la stessa conoscenza in diversi modi.

Lo studio (Willis, J. 2008) dimostra che vari media stimolano varie aree del cervello. Più regioni del cervello sono coinvolte, maggiore è la probabilità che tu comprenda e ricordi la conoscenza.

Per capire di più su un particolare argomento, potresti:

- ✓ Consulta gli appunti delle lezioni.
- ✓ Sfoglia il libro.
- ✓ Guarda un video della Khan Academy
- ✓ Ricerca più risorse web
- ✓ Costruisci una mappa mentale.
- ✓ Condividi le tue conoscenze con qualcun altro.
- ✓ Problemi pratici da diverse fonti.

Naturalmente, non sarai in grado di completare tutte queste attività contemporaneamente. Tuttavia, utilizza uno strumento o un approccio diverso ogni volta che rivedi l'argomento; imparerai il materiale più velocemente in questo modo.

2. Invece di concentrarti solo su una o due cose, studia una varietà di argomenti ogni giorno.

Per rimanere concentrati, è meglio studiare una varietà di argomenti ogni giorno piuttosto che dedicare molto tempo solo a uno o due (Rohrer, D. 2012).

Ad esempio, è preferibile studiare un po' di ogni materia ogni giorno se ti stai preparando per esami di matematica, storia, fisica e chimica. Invece di concentrarti solo sull'aritmetica il lunedì, la storia il martedì, la fisica il mercoledì, la chimica il giovedì, ecc., usa questo metodo per imparare più velocemente.

Come mai?

Perché se studi molto la stessa materia in un giorno, potresti essere confuso da conoscenze comparabili.

Distribuisci il tuo tempo di studio per ogni materia per imparare più velocemente. Il tuo cervello avrà più tempo per consolidare il tuo apprendimento se lo fai.

3. Invece di stipare, rivedere i fatti di tanto in tanto.

Se desideri trasferire informazioni dalla memoria a breve termine alla memoria a lungo termine, devi rivederle periodicamente. Di conseguenza, migliorerai i voti degli esami.

La revisione periodica supera di gran lunga il cramming, secondo lo studio (Cepeda , N. 2008). A seconda di quanto tempo vuoi conservare le informazioni nella tua testa, ci sono diversi intervalli di revisione ottimali. Tuttavia, la mia esperienza personale e professionale mi ha dimostrato che i seguenti intervalli di revisione sono efficaci:

1° Revisione : Un giorno successivo all'acquisizione di nuove conoscenze

2 ° Revisione: sono trascorsi tre giorni dalla prima revisione.

3 ° Revisione: sono trascorsi sette giorni dalla seconda revisione.

4 ° Revisione: sono trascorsi 21 giorni dalla terza revisione.

5 ° Revisione: 30 giorni dopo la 4° revisione

6 ° Revisione: sono trascorsi 60 giorni dalla revisione precedente.

7 ° Revisione: 70 giorni dopo la revisione precedente

4. Prendi posto in prima fila.

Se hai la possibilità di scegliere dove vuoi sederti durante la lezione, considera un posto davanti. Secondo gli studi, gli alunni che sono seduti davanti in genere ottengono risultati più alti nei test (Rennels & Chaudhari , 1988). A seconda di dove si sedevano in classe, i punteggi medi dei test degli alunni erano i seguenti (Giles, 1982):

Prime file: 80%

71,6% delle file centrali

Row's back: 68,1%

Questi risultati sono stati raggiunti in contesti in cui i posti erano assegnati dagli insegnanti.

Di conseguenza, non si tratta solo del caso in cui gli studenti più motivati scelgono di sedersi davanti e gli studenti meno motivati scelgono di sedersi dietro.

Sarai in grado di vedere meglio la lavagna e sentire l'insegnante dal posto davanti, e anche la tua concentrazione aumenterà. Ora capisci quali posti in classe sono i migliori!

5. Evita il multitasking.

L'evidenza è chiara: il multitasking riduce la produttività e aumenta la distrazione e la stupidità. Anche coloro che si professano abili nel multitasking non sono, secondo gli studi, più abili della persona comune.

Gli alunni di successo mantengono un'attenzione singolare. Pertanto, evita di tentare di studiare controllando sporadicamente il tuo account Twitter, guardando la TV e rispondendo ai messaggi.

Ecco alcuni suggerimenti per tecniche di studio efficaci che ti aiuteranno a concentrarti:

- ✓ Disattiva le notifiche del telefono.
- ✓ Metti via il telefono o mettilo in modalità aereo .
- ✓ Chiudi tutte le applicazioni di messaggistica istantanea.
- ✓ Interrompi l'accesso a Internet del tuo computer.
- ✓ Utilizza un programma come Freedom
- ✓ Chiudi tutte le schede del browser Internet che non sono collegate al compito su cui stai lavorando Riordina il tuo spazio di studio.

6. Comprimere, riassumere e semplificare le informazioni.

Utilizza strumenti mnemonici, come gli acronimi, poiché hanno dimostrato di migliorare l'efficacia dell'apprendimento.

Esempio 1

È possibile utilizzare il seguente acronimo o frase per memorizzare lo spettro elettromagnetico in ordine crescente di frequenza:

Usando pistole a raggi X, i marziani arrabbiati hanno invaso Venere.

Lo spettro elettromagnetico è composto da raggi radio, microonde, infrarossi, visibili, ultravioletti, raggi X e raggi gamma, in ordine crescente di frequenza.

Esempio #2

Quali stalattiti e stalagmiti emergono dal soffitto della grotta e quali dal pavimento?

La differenza tra stalagmiti e stalattiti è che le prime si sviluppano dall'alto.

Studia saggiamente facendo uso di mnemonici ove possibile. Puoi anche condensare i dati in una mappa mentale, un grafico o una tabella di confronto. Queste risorse ti renderanno molto più facile imparare il materiale.

7. Annota i tuoi appunti piuttosto che utilizzare un laptop.

Scrivi i tuoi appunti a mano se desideri scoprire tecniche di studio efficaci.

Gli scienziati lo sconsigliano, e non solo perché l'uso di un laptop aumenta la tua propensione a soccombere alle deviazioni di Internet. L'apprendimento ha meno successo anche quando i laptop vengono utilizzati semplicemente per prendere appunti (Mueller, P.2013)

Come mai?

Soprattutto perché le note scritte a mano incoraggiano gli alunni ad analizzare e ripensare le informazioni.

Coloro che prendono appunti sul laptop, d'altra parte, registrano spesso ciò che l'istruttore dice alla lettera senza prima considerarlo. Di conseguenza, gli appunti scritti a mano dagli studenti li aiutano a ottenere risultati migliori nei test e negli esami. Impiegherai meno tempo complessivo per ottenere gli stessi (o migliori) risultati se utilizzi una tecnica efficace per prendere appunti.

8. Elenca le tue preoccupazioni per iscritto.

Riuscirò in questo test?

Cosa succede se smarrisco le equazioni e i concetti importanti?

Cosa succede se il test è più impegnativo del previsto?

Indubbiamente hai questo tipo di idee prima di fare un test. Ma se queste idee diventano eccessive, la preoccupazione che ne deriva potrebbe danneggiare il tuo rendimento scolastico.

Ecco la risposta.

I ricercatori dell'Università di Chicago hanno scoperto che in una prova, gli studenti che hanno scritto per 10 minuti su come si sentivano riguardo a un esame imminente hanno ottenuto risultati migliori rispetto agli studenti che non lo hanno fatto. Secondo gli esperti, questo metodo funziona particolarmente bene per le persone che si preoccupano frequentemente.

Inoltre, la ricerca della psicologa Kitty Klein dimostra come l'inserimento nel diario e altre forme di scrittura espressiva migliorino la memoria e l'apprendimento. Secondo Klein, tale scrittura consente ai bambini di trasmettere le loro emozioni sfavorevoli Secondo Klein, questo tipo di scrittura consente agli alunni di esprimere le loro emozioni sfavorevoli, il che aiuta a ridurre la loro tendenza a lasciarsi distrarre da esse.

Prenditi dieci minuti per elencare tutte le preoccupazioni relative all'esame che hai per sentirti meno stressato. Migliorerai i tuoi voti grazie a questa semplice pratica.

9. Valutati regolarmente.

Anni di studi hanno dimostrato l'importanza dell'autotest se desideri migliorare il tuo rendimento scolastico.

Keith Lyle, uno psicologo dell'Università di Louisville, ha tenuto a due gruppi di studenti universitari lo stesso corso di statistica come parte di un esperimento.

Al termine di ogni lezione, Lyle sottoponeva al primo gruppo di studenti un quiz da quattro a sei domande. L'esame copriva l'argomento che aveva trattato di recente. Lyle non ha offerto agli alunni alcun test per il secondo gruppo. Lyle ha scoperto che il primo gruppo ha superato di gran lunga il secondo in ciascuna delle quattro prove intermedie alla fine del corso.

Pertanto, non limitarti a sfogliare il libro di testo o gli appunti di classe. Mettiti alla prova sulle idee e sulle equazioni importanti per aiutarti a imparare in modo più intelligente. Fai quante più domande di pratica possibili da varie fonti mentre ti prepari per un test.

10. Crea una connessione tra ciò che stai imparando e ciò che già sai.

Collegare nuove idee a ciò che già conosci ti aiuterà a studiare più velocemente.

Henry Roediger III e Mark A. McDaniel, scienziati, sostengono nel loro libro Make It Stick: The Science of Successful Learning che acquisirai nuovo materiale più rapidamente se riesci a collegarlo a idee che già comprendi.

Potresti confrontare il flusso dell'acqua con l'elettricità, per esempio, se lo studiassi. La corrente è come la portata dell'acqua, la tensione è come la pressione dell'acqua, una batteria è come una pompa, ecc.

Un'altra illustrazione: considera i globuli bianchi come "soldati" che proteggono i nostri corpi dalle malattie, che sono il "nemico", in questo scenario.

Pensare a come mettere in relazione le nuove informazioni con ciò che già conosci richiede tempo e fatica, ma vale la pena investire.

11. Esprimi i fatti importanti.

Ci sono prove dagli studi che la lettura ad alta voce agli alunni accelera il loro apprendimento rispetto alla lettura silenziosa (MacLeod CM, 2010 & Ozubko JD, 2010).

Perché sta succedendo, esattamente?

La lettura ad alta voce rende le informazioni visibili e udibili. Al contrario, quando leggi qualcosa in silenzio, puoi solo vederlo. Non è possibile leggere ad alta voce ogni parola da ogni singola serie di note. Ci vorrebbe troppo tempo per farlo. Quindi ecco come consiglio di studiare più velocemente leggendo ad alta voce:

Passaggio 1: evidenzia le idee e le equazioni importanti mentre leggi i tuoi appunti. Sottolinea queste idee ed equazioni importanti e continua senza fermarti a memorizzarle.

Passaggio 2: torna ai passaggi contrassegnati e recita ogni idea o equazione essenziale ad alta voce tutte le volte che ritieni necessario dopo aver completato il passaggio 1 per l'intero set di note. Leggi attentamente ogni idea o equazione.

Passaggio 3: prendi una pausa di tre minuti dopo aver completato questo per ciascuna delle idee o equazioni principali che sono state sottolineate.

Passaggio 4: dopo la pausa di tre minuti, rivedi ogni equazione o argomento che è stato sottolineato individualmente (con la mano o con un pezzo di carta). Verifica se l'hai davvero imparato mettendoti alla prova.

Passaggio 5: ripetizione dei passaggi 2, 3 e 4 per qualsiasi concetto o equazione che non sei riuscito a memorizzare nel passaggio 4.

12. Programma periodiche pause di studio.

Le pause regolari dallo studio aumentano la concentrazione e la produttività in generale (Ariga & Lleras , 2011).

Pertanto, chiudersi da solo nella propria stanza per sei ore senza sosta per studiare per un test non è una buona idea. Anche se può sembrare che tu realizzi molto in questo modo, gli studi dimostrano che fare delle pause in realtà ti fa imparare il materiale più velocemente a lungo termine. Quindi, dopo 40 minuti di lavoro, riposati dai 5 ai 10 minuti.

Ti consiglio di impostare un timer o un cronometro che serva da promemoria per quando mangiare e quando riprendere a studiare.

Evita di usare il telefono o il computer durante la pausa perché questi gadget impediscono alla tua mente di rilassarsi veramente.

13. Concediti un regalo dopo ogni sessione di studio.

Stabilisci un chiaro incentivo per finire una sessione di studio prima di iniziare. In questo modo incoraggerete l'apprendimento e la formazione della memoria (Adcock RA, 2006).

Il premio potrebbe essere semplice come:

- ✓ Andare a fare una passeggiata veloce
- ✓ Mangiare uno spuntino nutriente
- ✓ Riproduzione della tua musica preferita
- ✓ Allungamento
- ✓ Esecuzione di alcune serie di allenamento
- ✓ Impegnarsi in performance musicali
- ✓ Fare un bagno

Al termine di ogni sessione, concedetevi; imparerai più velocemente e in modo più efficace.

14. Metti il processo al primo posto piuttosto che il risultato.

Gli studenti che vanno bene a scuola si concentrano sullo studio del materiale piuttosto che sull'impegno per un determinato anno.

Secondo gli studi della psicologa di Stanford Carol Dweck , questi studenti:

- ✓ Metti lo sforzo al primo posto, non il risultato.
- ✓ Dai priorità al processo rispetto al risultato.
- ✓ Credi che con abbastanza tempo e impegno, possono avere successo, anche nelle loro discipline più deboli.
- ✓ Accetta le sfide.

Definire il successo come lo sforzo di imparare qualcosa di nuovo piuttosto che raggiungere la perfezione Gli studenti di A che hanno meno successo in genere fissano obiettivi di rendimento, mentre gli studenti di successo in genere fissano obiettivi di apprendimento.

Cosa distingue queste due categorie di obiettivi?

Gli obiettivi di rendimento riguardano l'apparire intelligenti e il dimostrarsi agli altri (ad es. ottenere un punteggio del 90% nell'imminente test di matematica, entrare in una scuola di alto livello).

Gli obiettivi di apprendimento, d'altra parte, si concentrano sul progresso e la padronanza (ad esempio, completare tre problemi di algebra a giorni alterni, imparare cinque nuove parole francesi al giorno).

La maggior parte delle scuole pone una forte enfasi sul superamento di un determinato numero di materie o sul raggiungimento di un determinato punteggio d'esame. Ironia della sorte, sarebbe più saggio ignorare il risultato desiderato e concentrarsi sul processo di apprendimento se si desidera soddisfare, e oltre, questi requisiti.

15. Sorseggia otto bicchieri d'acqua o più ogni giorno.

Potresti credere di consumare abbastanza acqua, ma la ricerca indica che fino al 75% delle persone è cronicamente disidratato. Il tuo cervello e i tuoi voti agli esami soffrono entrambi di disidratazione.

La disidratazione riduce la capacità totale del cervello per l'elaborazione mentale, secondo gli esperti dell'Università di East London (Edmonds, C. 2013). Ulteriori studi hanno rivelato che la disidratazione potrebbe anche provocare il restringimento della materia grigia del tuo cervello.

La risposta facile:

Prendi otto bicchieri o più di acqua ogni giorno. Ovunque tu vada, porta con te una bottiglia d'acqua e sorseggiala prima che ti venga sete. Inoltre, se stai sostenendo un esame, porta con te un bicchiere d'acqua. L'acqua dovrebbe essere consumata all'incirca ogni 40 minuti. Questo ti manterrà idratato e ti aiuterà a ottenere risultati migliori durante l'esame. Inoltre, questo serve come una breve pausa mentale.

16. Allenati tre o più volte alla settimana.

L'esercizio fa bene al tuo corpo. È eccellente anche per il tuo cervello. Gli studi hanno indicato che l'esercizio...

- ✓ Migliora il funzionamento del cervello e della memoria
- ✓ Diminuisce la probabilità di depressione e aiuta nella prevenzione di condizioni tra cui diabete, cancro e osteoporosi
- ✓ Migliora l'umore Migliora la qualità del sonno Riduce lo stress

Il farmaco miracoloso che è l'esercizio!

Esercitati per 30-45 minuti ogni volta, almeno tre volte alla settimana, per aiutarti a studiare in modo più efficace. Ti sentirai meglio e avrai più energia, inoltre ricorderai meglio le cose.

17. Non stare sveglio tutta la notte e dormi almeno otto ore ogni notte.

Non trascurare il sonno quando pensi a come studiare bene. Ad oggi, ho parlato e lavorato con 20.000 studenti. Nessuno ha mai affermato di dormire regolarmente otto ore ogni notte. Gli studenti continuano a dire: "C'è così tanto da fare", ancora e ancora. Il sonno spesso sembra più un lusso per uno studente che una necessità.

Ma cosa dicono le prove sul sonno?

Secondo lo studio, dormire a sufficienza aumenterà la memoria, la concentrazione e la velocità di apprendimento. Sarai anche in grado di gestire meglio lo stress. Questo è un modo infallibile per ottenere voti alti.

Quindi, cerca di dormire otto ore a notte. Non avrai bisogno di dedicare tanto tempo alla lettura poiché le tue sessioni di studio saranno più efficaci.

Dan Taylor, un esperto del sonno, afferma anche che imparare l'argomento più impegnativo subito prima di notte rende più semplice ricordare le informazioni il giorno successivo. Pertanto, quando possibile, imposta il tuo orario in modo tale da studiare l'argomento più difficile appena prima di andare a letto.

Ultimo ma non meno importante, evita di lavorare fino a tardi. Le nottate notturne, secondo uno studio della psicologa Pamela Thacher , si traducono in voti peggiori e più errori negligenti da parte degli alunni.

18. Consumare mirtilli.

I flavonoidi, abbondanti nei mirtilli, promuovono la rigenerazione delle cellule cerebrali e migliorano le connessioni neurali. Mangiare mirtilli migliora la memoria sia a breve che a lungo termine, secondo i ricercatori dell'Università di Reading (Whyte, A. & Williams, C. 2014). Inoltre, i mirtilli possono proteggere da condizioni neurodegenerative come l'Alzheimer.

19. Consumare uova e pollo.

Nel corso di dieci anni, un gruppo di ricercatori della Boston University ha studiato 1.400 adulti. Hanno scoperto che le persone con diete ricche di colina se la cavavano meglio nei test di memoria. L'acetilcolina, necessaria per la creazione di nuovi ricordi, è prodotta dalla colina, suo precursore.

Quali alimenti contengono molta colina?

Uova e pollo (il tuorlo di un uovo ha il 90% del suo contenuto totale di colina).

Puoi tirare un sospiro di sollievo se eri preoccupato per l'alto livello di colesterolo dei tuorli d'uovo. Le uova, compreso il tuorlo, sono un alimento nutriente per quasi tutti, secondo recenti studi.

Inoltre, ci sono altri modi in cui i vegetariani possono includere la colina nella loro dieta:

- ✓ Lenticchie
- ✓ Noccioli di girasole
- ✓ Semi di zucca
- ✓ mandorle
- ✓ Cavolfiore
- ✓ Cavolfiore
- ✓ Broccoli\s20. Mangia acidi grassi con omega-3.

Il cervello ha bisogno di acidi grassi omega-3 per funzionare correttamente. Un altro studio (Yehuda, S. 2005) ha scoperto che dare agli studenti un supplemento di acidi grassi omega-

3 e omega-6 diminuiva la loro ansia da test e aumentava la loro capacità di concentrazione.

Gli acidi grassi omega-3 sono stati associati alla protezione della demenza, dell'Alzheimer, dell'asma, dell'ipertensione, delle malattie cardiache, del diabete, dell'artrite, dell'osteoporosi, della depressione, dell'ADHD e del cancro del colon-retto.

Che lista fantastica! I seguenti alimenti sono ricchi di acidi grassi omega-3:

Salmone, Sgombro, Trota, Semi di Lino, Semi di Zucca e Noci

capitolo 3

Studiare in modo più intelligente non più difficile

Ti senti mai come se le tue tecniche di studio fossero semplicemente inadeguate? Pensi mai a come potresti migliorare i tuoi voti e i punteggi dei test? Molti studenti sono consapevoli del fatto che le loro tecniche di studio delle scuole superiori non funzionano bene nell'istruzione superiore. Questo ha senso dato quanto il college è diverso dal liceo. Le lezioni sono molto più impegnative, i test valgono di più, la lettura è più impegnativa e gli insegnanti sono coinvolti meno direttamente. Non hai bisogno di cambiare nulla di te stesso; hai solo bisogno di sviluppare tecniche di studio più efficienti. Fortunatamente, ci sono numerose tecniche di studio attive e di successo che si sono dimostrate efficaci nei corsi universitari.

Leggere non è studiare.

Leggere ripetutamente testi o appunti non è considerato partecipare attivamente all'argomento. Sta solo rileggendo i tuoi appunti. Lo studio non consiste solo nel "fare" le letture assegnate. Sta solo leggendo per la lezione, tutto qui. La rilettura incoraggia l'oblio frettoloso.

Considera la lettura come una componente cruciale del pre-studio, ma ricorda che l'acquisizione di conoscenze implica il coinvolgimento con la materia (Edwards, 2014). Fare collegamenti alle lezioni, creare esempi e controllare il proprio apprendimento sono tutte parti del processo di coinvolgimento attivo con un testo e sviluppo di significato da esso (Davis, 2007). L'apprendimento attivo non comporta la memorizzazione meccanica, l'evidenziazione o la sottolineatura del testo o la lettura ripetuta. Sebbene possano mantenerti concentrato sul compito da svolgere, queste attività non sono considerate metodi di studio attivo e hanno solo un debole collegamento con prestazioni migliori (Mackenzie, 1994).

I suggerimenti per l'apprendimento attivo includono:

- ✓ Crea una guida allo studio di attualità. Crea problemi e domande, quindi arricchisci completamente le tue risposte. Fai un quiz tutto tuo.
- ✓ Inizia a insegnare. Come se fossi l'istruttore che presenta le idee a una classe, leggi i fatti ad alta voce con parole tue.
- ✓ Trai analogie dalle tue esperienze personali.
- ✓ Crea diagrammi o mappe concettuali per aiutare a spiegare l'argomento.

- ✓ Crea simboli per rappresentare le idee.
- ✓ Decidi le idee chiave per le lezioni non tecniche (come inglese, storia e psicologia) in modo da poterle chiarire, confrontare e rivalutare.
- ✓ Risolvi i problemi nelle lezioni tecniche, quindi ripassa le soluzioni e la loro logica.
- ✓ Domanda, dati di supporto e conclusione dello studio: qual è la domanda dell'istruttore o dell'autore? Che tipo di prova offrono? Qual è il verdetto?

Pianificare in anticipo ed essere organizzati ti consentirà di studiare attivamente per le tue lezioni. Organizza i tuoi materiali prima di iniziare la tua revisione attiva per argomento quando ti prepari per un esame (Newport, 2007). Nel programma, i professori spesso elencano argomenti secondari. Per aiutarti a organizzare i tuoi materiali, usali come guida. A titolo illustrativo, compila tutte le risorse per un argomento (come appunti di PowerPoint, appunti di libri di testo, articoli, compiti, ecc.) e disponili in una pila. Studia per materie, contrassegnando ogni pila con l'argomento pertinente.

Riconoscere il ciclo di studio

Il ciclo di studio di Frank Christ delinea le diverse componenti dello studio: anteprima, frequentazione delle lezioni, revisione, studio e valutazione del tuo apprendimento. Sebbene ogni fase possa sembrare semplice a prima vista, gli studenti troppo spesso cercano di prendere scorciatoie e perdere possibilità di un apprendimento efficace. Un'opportunità cruciale per apprendere in diverse modalità di apprendimento (lettura, ascolto e conversazione) e per guadagnare dalla ripetizione e dalla pratica distribuita (vedi n. 3 di seguito) andrà persa se scegli di saltare una lettura prima della lezione perché il docente coprirà lo stesso argomento in classe. Fare in modo di non perdere possibilità di apprendere in modo efficace sarà reso più facile realizzando il significato di ogni fase di questo ciclo.

La spaziatura è vantaggiosa.

La "pratica distribuita", ovvero la suddivisione dello studio in più brevi periodi di tempo nell'arco di diversi giorni e settimane, è una delle strategie di apprendimento più efficaci (Newport, 2007). Il metodo migliore è dedicare ogni giorno un breve lasso di tempo a ciascuna lezione. Anche se il tuo tempo complessivo di studio sarà lo stesso (o meno) di una o due notti intere in biblioteca, imparerai il materiale in modo più approfondito e lo ricorderai per un periodo di tempo più lungo, il che ti aiuterà a ottenere un A su il finale. Non quanto tempo studi, ma come passi quel tempo, è ciò che conta. Lunghe sessioni di studio provocano una mancanza di concentrazione, che ostacola l'apprendimento e la conservazione della memoria.

Hai bisogno di controllare il tuo programma se vuoi distribuire i tuoi studi su più giorni e settimane. Puoi includere periodi di studio attivo coerenti per ogni classe tenendo un elenco delle faccende quotidiane da svolgere. Sforzati di partecipare a ogni lezione ogni giorno. Sii esplicito e ragionevole quando stimi la quantità di tempo che dedicherai a ciascun lavoro; il tuo elenco non dovrebbe contenere più elementi di quanti tu possa finire in un solo giorno.

Ad esempio, potresti lavorare su alcune domande di aritmetica ogni giorno invece di farle tutte nell'ora prima della lezione. Nella storia, puoi studiare attivamente i materiali del tuo corso per 15-20 minuti ogni giorno. Di conseguenza, anche se il tuo tempo di studio rimarrà lo stesso, studierai per tutte le tue lezioni a raffiche veloci anziché solo una. Ciò supporterà la concentrazione, la gestione delle attività e la conservazione delle informazioni.

Diffondere il tuo lavoro non solo promuove un apprendimento più profondo, ma previene anche la procrastinazione. Puoi affrontare lo spiacevole progetto per 30 minuti ogni giorno, invece di doverlo fare per quattro ore il lunedì. Un progetto temuto sarà probabilmente più tollerabile e meno probabile che venga rinviato fino all'ultimo minuto se ci lavori per un periodo di tempo più breve e più regolare.

Ultimo ma non meno importante, si consiglia di creare flashcard per tutto ciò che è necessario ricordare per la lezione (nomi, date, formule) e rivederle durante il giorno piuttosto che farlo tutto in una volta (Wissman e Rawson, 2012). Per ulteriori informazioni, vedere la nostra dispensa sulle tecniche di memorizzazione.

Essere intensi è benefico.

Lo studio non è uguale. Studiare sodo ti aiuterà a ottenere di più. Sessioni di studio brevi e mirate ti aiuteranno a finire il tuo lavoro velocemente e con il minor tempo perso. Sessioni di studio più brevi e mirate sono più produttive di quelle lunghe.

Infatti, suddividere lo studio in più sessioni è una delle tecniche di studio più efficaci (Newport, 2007). Le tecniche di studio attivo vengono utilizzate durante le sessioni di studio intensivo, che possono durare 30 o 45 minuti ciascuna. Ad esempio, l'autotest è una tecnica di studio attivo che aumenta il livello dello sforzo di studio e l'efficacia dell'apprendimento. Ma se intendi eseguire l'autotest per ore e ore, probabilmente verrai distratto e perderai la concentrazione.

D'altra parte, è molto più probabile che tu mantenga la concentrazione e conservi le informazioni se intendi interrogarti sull'argomento del corso per 45 minuti e poi fare una pausa. Inoltre, le sessioni più brevi e più intense probabilmente aumenteranno la pressione necessaria per scoraggiare la procrastinazione.

La regola d'oro è non tacere.

Decidi dove impari meglio. Potrebbe non essere la cosa migliore per te stare da solo in una biblioteca. È fondamentale pensare a quale livello di rumore ti si addice meglio. Potresti scoprire che il rumore di fondo ti aiuta a concentrarti meglio. Mentre alcune persone trovano che l'ascolto di musica classica mentre studia sia una distrazione eccessiva, altri lo trovano utile. L'idea è che il silenzio di una biblioteca possa distrarre quanto il rumore di una palestra, se non di più. Prova il primo o il secondo livello della biblioteca se il silenzio ti distrae, ma preferisci studiare lì perché lì c'è più rumore ambientale.

Ricorda che l'apprendimento attivo raramente avviene in silenzio poiché spesso richiede di pronunciare il materiale ad alta voce.

I problemi sono dalla tua parte.

Per i corsi tecnici, la risoluzione ripetuta dei problemi è fondamentale (ad es. matematica, economia). Sapere come descrivere i passaggi nelle difficoltà e perché sono efficaci. La lettura del libro è in genere meno significativa nei corsi tecnici rispetto alla risoluzione dei problemi (Newport, 2007). Annotare per intero i problemi pratici che l'istruttore ha dimostrato in classe. Se non sei chiaro dopo un passaggio, annotalo e chiedi chiarimenti. Registra almeno la domanda e la risposta (anche se perdi i passaggi).

Fai un lungo elenco di problemi tratti dalle letture e dalle lezioni da usare come esercitazione per gli esami. Elaborare le difficoltà, quindi descrivere le soluzioni ei processi utilizzati (Carrier, 2003).

Non multitasking, per favore

Numerosi studi dimostrano che il multitasking ha un impatto negativo sui risultati e non aumenta la produttività (Junco, 2012).

Devi smettere di essere distratto durante le tue sessioni di studio se vuoi imparare in modo più efficace piuttosto che lavorare di più. Se glielo permetti, social media, navigazione web, giochi, messaggi di testo e altre attività ridurranno significativamente l'intensità delle tue ore di studio. Non c'è dubbio nella ricerca che il multitasking, come rispondere ai testi durante lo studio, allunga il tempo necessario per acquisire il contenuto e ne degrada la qualità (Junco, 2012).

Rimuovendo le distrazioni, sarai in grado di concentrarti durante i tuoi periodi di studio. Non usare il computer se non ne hai bisogno per i compiti. Usa le app per aiutarti a limitare il tempo che puoi trascorrere in vari luoghi durante il giorno. Spegni il telefono. Premia lo studio diligente con una pausa dai social, ma fai attenzione a programmarlo bene! Per ulteriori informazioni sulla gestione della tecnologia, vedere la nostra dispensa.

Modificare l'impostazione

Trova una varietà di luoghi di studio all'interno e intorno al campus e, se uno smette di essere efficace per te, cambialo.

Conosci i tuoi tempi e luoghi di studio ottimali. La tua attenzione potrebbe non essere concentrata alle 22:00 come lo era alle 10:00. Forse un bar rumoroso o l'area studio nel tuo dormitorio sono i posti migliori per essere produttivo. Forse ti assopisci mentre studi a letto.

Avere una serie di luoghi all'interno e intorno al campus che favoriscono lo studio. È quindi possibile individuare il luogo di studio ideale ovunque ci si trovi. È ora di voltare pagina se ti rendi conto che dopo un po' la tua posizione attuale è troppo accogliente e non è più un bel posto dove studiare.

Inizia a insegnare.

Come se tu fossi l'insegnante, cerca di spiegare l'argomento con termini tuoi. Questo può essere fatto da solo, in un gruppo di studio o con un compagno di studio. Pronunciare le informazioni ad alta voce può aiutarti a ricordarle e identificare eventuali aree in cui hai bisogno di ulteriori spiegazioni o chiarimenti. Crea collegamenti tra concetti e usa esempi per illustrare il contenuto mentre lo spieghi (proprio come fa un insegnante). Realizzare ciò mentre tieni gli appunti tra le mani è accettabile e persino incoraggiato. Per spiegare il contenuto all'inizio, potresti aver bisogno di fare riferimento alle tue note, ma gradualmente sarai in grado di farlo senza di esse.

Puoi pensare come il tuo professore facendo un quiz per te stesso. Cosa sta cercando di comunicarti il conferenziere? L'autotest è una strategia di studio molto potente. Crea una guida allo studio e tienila con te in modo da poter esaminare regolarmente le domande e le risposte per tutto il giorno. Dovresti metterti alla prova solo sulle domande di cui non conosci le risposte. Dì le tue risposte ad alta voce. Questo ti aiuterà a ricordare il materiale e ad identificare eventuali errori. Se stai seguendo un corso tecnico, risolvi i problemi di esempio e spiega come sei arrivato alla soluzione. Rielabora i problemi che ti preoccupano. Questo tipo di coinvolgimento attivo del cervello durante l'apprendimento migliorerà notevolmente la tua memoria (Craik , 1975).

Sii responsabile del tuo calendario.

Puoi raggiungere i tuoi obiettivi gestendo il tuo tempo e le tue distrazioni.

Puoi finire le tue attività e tenere il passo con i tuoi studi se hai il controllo sul tuo calendario. I passaggi elencati di seguito possono aiutarti a riprendere il controllo del tuo calendario:

Pianifica l'itinerario della tua settimana nello stesso giorno ogni settimana (forse la domenica sera o il sabato mattina).

Elenca gli incarichi che speri di completare per ogni classe quella settimana man mano che li svolgi.

Determina quante ore hai a disposizione per completare il tuo incarico dando un'occhiata al tuo calendario.

Controlla se riesci a cancellare le cose dalla tua lista nel tempo che hai a disposizione. (Potresti voler includere quanto tempo è previsto per il completamento di ogni incarico.) Apporta le modifiche necessarie. Ad esempio, potresti dover dare la priorità alle tue letture se scopri che ti ci vorrà più tempo per completare il tuo compito di quello che hai a disposizione. È un lusso finire tutte le letture. In base al materiale insegnato in classe, dovrai scegliere le tue letture. Devi leggere ogni compito dalla risorsa di classe preferita e prendere appunti su di esso (quello che viene utilizzato molto in classe). Questo potrebbe essere il testo del corso o una lettura che tratta in modo specifico l'argomento del giorno. Probabilmente puoi scremare le letture aggiuntive.

Pianifica gli orari in cui intendi terminare i tuoi compiti nel tuo calendario.

Fai una strategia per il giorno successivo prima di andare a dormire ogni notte. Avere un piano quando ti svegli aumenterà la tua produttività.

Per ulteriori consigli sull'utilizzo dei calendari come strumenti di gestione del tempo, consulta la nostra brochure su calendari e college.

Approfitta dei tempi morti

Fai attenzione alle settimane "facili". La quiete prima della tempesta è proprio adesso. Settimane lavorative più brevi sono l'ideale per iniziare o finire progetti di grandi dimensioni. Dedica il tempo aggiuntivo all'avvio di progetti o documenti di grandi dimensioni o ad andare avanti con gli incarichi. Anche se non ci sono compiti in scadenza, dovresti comunque fare un piano per lavorare su ogni classe ogni settimana. In effetti, lavorare su qualcosa per ciascuna delle tue lezioni ogni giorno è la cosa migliore. Trascorrere tre ore alla settimana, o 30 minuti per ogni lezione, è possibile, ma è più efficiente distribuire questo tempo su sei giorni piuttosto che cercare di inserire tutto in una lunga sessione. Usa i 30 minuti per iniziare un progetto più lungo o andare avanti se hai finito tutto il lavoro per una determinata classe.

Utilizza tutti gli strumenti disponibili

Tieni presente che puoi programmare un incontro con un coach accademico per lavorare sulla messa in pratica dei suggerimenti di questa dispensa.

capitolo 4

Come ricordare ciò che leggi?

Perché alcuni individui possono leggere un libro una volta e ricordarne ogni dettaglio per il resto della loro vita, mentre altri hanno difficoltà a ricordare anche il titolo pochi giorni dopo averne finito uno?

Sebbene sia semplice, la soluzione è semplice.

Non l'hanno interpretato in questo modo. Leggono così. Puoi leggere di più e leggere meglio sviluppando buone abitudini di lettura.

"Non riesco a ricordare i libri che ho letto più dei pasti che ho mangiato; anche così, mi hanno creato.

- Ralph Waldo Emerson

Lettori attivi VS lettori passivi

Quasi non appena finiscono di leggere, i lettori passivi dimenticano ciò che hanno letto. Mentre i lettori impegnati conservano la maggior parte di ciò che leggono. Il modo in cui la quantità di lettura influisce su questi due tipi di lettori differisce è un'altra distinzione. I lettori passivi che leggono molto non avanzano molto di più di quelli che leggono meno. Tuttavia, le cose sono diverse se leggi spesso.

I lettori attivi migliorano man mano che leggono più libri. Per aumentare ulteriormente la memoria, creano un reticolo di modelli mentali a cui appendere le idee. I lettori attivi sviluppano la capacità di distinguere tra argomentazioni forti e strutture coerenti. Poiché capiscono come fare in modo che il mondo faccia la maggior parte del lavoro per loro, i lettori attivi prendono decisioni migliori. I lettori impegnati evitano i problemi. Un altro vantaggio dei lettori frequenti è che leggono più velocemente.

Considera i libri che leggi a scuola. Nonostante gli anni, la maggior parte di noi ha ancora vividi ricordi di loro. Anche se i dettagli sono confusi, possiamo probabilmente ricordare i personaggi principali, i temi principali e i motivi ricorrenti. Come mai? Non abbiamo letto quei romanzi pigramente, tanto per cominciare. Abbiamo partecipato a discussioni in classe mentre leggevamo attivamente libri, a turno recitavamo scene o addirittura vedevamo adattamenti cinematografici.
Indipendentemente da quanto tempo è passato dall'ultima volta che siamo entrati in una classe, la maggior parte di noi può ancora ricordare Animal Farm.

Buone pratiche di lettura

Ha senso avere un piano in atto per migliorare qualsiasi cosa a cui dedichiamo molto impegno.

Anche se passiamo molto tempo a leggere e imparare cose nuove, pochi di noi lavorano attivamente per rendere la nostra lettura più efficiente.

È fondamentale disporre di una strategia per annotare, considerare e agire in base alle conclusioni che traiamo dalla conoscenza che apprendiamo se vogliamo ottenere il massimo da ogni libro che leggiamo.

Iniziamo sfatando alcuni miti sulla lettura. Quello che so è questo:

Più importante della quantità è la qualità . Farai molto meglio di qualcuno che scansiona metà della biblioteca senza prestare attenzione se leggi solo un libro alla settimana e lo apprezzi e lo assorbi completamente.

La lettura veloce è un mucchio di merda . Leggere in modo più genuino è l'unico metodo per leggere più velocemente.

I servizi che riassumono i libri mancano il bersaglio . Molte aziende applicano tariffe assurde per l'accesso ai riassunti prodotti da 22enni che non hanno alcuna conoscenza preliminare dell'argomento del libro. Questo non riesce a capire come funzionano la lettura e l'apprendimento.

Non sono richiesti strumenti e app fantasiose. Tutto ciò di cui hai bisogno è un blocco note, alcune schede e una penna. (Ever note è la soluzione per quelli di voi che cercano un'applicazione online semplice e ricercabile per assistere.)

Non leggere nulla che troviamo noioso. Non è necessario finire il libro. Dovresti iniziare diversi romanzi ma completarne solo una manciata selezionata.

“Ogni volta che leggevo un grande libro mi sembrava di leggere una specie di mappa, una mappa del tesoro, e il tesoro a cui ero diretto era in realtà me stesso . Ma ogni mappa era incompleta e avrei individuato il tesoro solo se avessi letto tutti i libri, quindi il processo per trovare il meglio di me stesso è stata una ricerca senza fine. E i libri stessi sembravano riflettere questa idea. Ecco perché la trama di ogni libro può essere ridotta a "qualcuno sta cercando qualcosa". "

— Matt Haig, Ragioni per rimanere in vita

Il successo nella lettura dipende principalmente dalla preparazione. Più di quanto potresti renderti conto , ciò che fai prima di leggere conta.

Filtra ciò che leggi

Quando si tratta di selezionare la letteratura, non ci sono regole. Non siamo tenuti a leggere bestseller, classici o titoli molto apprezzati da altri. In realtà, c'è un vantaggio nel leggere materiali che nessun altro è. Non ci sono elenchi di lettura richiesti perché questa non è scuola. Concentrati su una selezione di opere che: (1) durano nel tempo; (2) accendere la tua curiosità; o (3) parla della tua situazione in quel momento.

È più probabile che in futuro ricorderemo i contenuti di un libro se lo riteniamo affascinante e pertinente.

Controlla quale versione è considerata la migliore se il libro è più vecchio o è stato tradotto. Ad esempio, la traduzione Hayes delle Meditazioni di Marco Aurelio è elogiata per essere sia la più fedele al testo originale sia la più contemporanea (e accessibile)).

Scopri di più

Fare qualche ricerca preliminare sul libro è un buon punto di partenza. Quando apprendiamo di più sulla vita dell'autore, alcuni libri, come A Confederacy of Dunces e The Palm Wine Drinkard , assumono un significato completamente nuovo.

Sforzati di comprendere l'ambientazione storica dei romanzi più vecchi. Cerca di comprendere il contesto culturale dei romanzi scritti in una nazione straniera. Alcune buone domande da fare sono:

Perché è stato scritto dall'autore? (Avevano un obiettivo in mente?)

Qual è la loro storia?

Quali altre opere hanno?

Chi l'ha scritto e dove?

Al momento in cui scrivo, qual era il clima politico, economico e culturale?

Il libro ha una nuova traduzione o stampa?

Durante la stesura del libro si sono verificati eventi significativi, come una guerra, una depressione economica, un cambio di leadership o lo sviluppo di nuove tecnologie?

Scopri il tuo perché

A che scopo stai leggendo questo libro? Per divertimento? Per comprendere qualcosa o una persona che non conosci? Per migliorare il tuo lavoro? Per migliorare il tuo benessere? Sviluppare un talento? Per aiutare nello sviluppo del business?

Devi avere un'idea generale di ciò che speri di ottenere dal libro. Tuttavia, non vuoi solo raccogliere un sacco di dati inutili. Non durerà molto.

Skimming esperto

Guarda l'indice, la pagina dei contenuti, la prefazione e l'interno della copertina prima di iniziare a leggere un libro (soprattutto saggistica) per farti un'idea dell'argomento. (Questo pezzo su come leggere un libro è un'eccellente introduzione alla scrematura.) Il tono di un libro può anche essere ricavato dalla bibliografia. Per ogni libro che scrivono, i migliori autori leggono spesso centinaia di volumi, quindi un libro ben studiato deve includere un'ampia bibliografia di opere affascinanti. Dopo aver finito il libro, esamina la bibliografia e sviluppa un elenco di eventuali libri aggiuntivi che desideri leggere.

Adatta il libro al tuo ambiente

Il potere di abbinare la letteratura alla nostra posizione e alle circostanze può essere sentito anche se non è sempre pratico. Man mano che i libri diventano parte integrante di un'esperienza piuttosto che solo un supplemento, risuoneranno più profondamente.

Considera le tue circostanze mentre selezioni i libri e scegli generi o autori che potrebbero essere in grado di aiutarti a superare le difficoltà che potresti incontrare in questo momento. Qualunque sia la tua situazione, è già stata vissuta da qualcuno. Gli stessi sentimenti e pensieri sono stati espressi per iscritto da qualcuno che li ha condivisi. Devi cercare il libro.

Ad esempio:

In visita o in vacanza? Scegli un libro che corrisponda al luogo: Montaigne's Essays, Ernest Hemingway o Jack Kerouac per l'America; John Muir o Machiavelli per l'Italia, per la Francia Georges Perec e così via. andare in una direzione casuale? Leggi un po' di Henry Thoreau o Vladimir Nabokov.

Gestire il tuo lutto? Leggi qualsiasi cosa di Tarah Brach, Torch o When Breath Becomes Air di Paul Kalanithi .

Stai vivendo una crisi di auto-immortalità? (Ci viene in mente tutti.) Leggi I piaceri nascosti della vita di Theodore Zeldin o Sulla brevità della vita di Seneca.

Gestire le avversità? Il tuo lavoro è stato perso? Leggi Le meditazioni di Marco Aurelio o The Obstacle Is the Way di Ryan Holiday.

Non sei soddisfatto del tuo lavoro? Leggi Linchpin di Seth Godin, Mastery di Robert

Greene o Mihaly Finding Flow di Csikszentmihalyi .

Se fossi un medico, consiglierei di leggere. A volte sono altrettanto potenti dei prodotti farmaceutici.

Tenendo a mente ciò che leggi

Se leggi mentre svolgi le seguenti sette attività, ricorderai di più di quello che hai letto.

Prendere appunti

Prendere appunti è un primo passo fondamentale per riflettere e interiorizzare ciò che hai letto.

Il miglior metodo per prendere appunti è quello che funziona per te ed è semplice da seguire. Sebbene ci siano innumerevoli sistemi disponibili online, devi sceglierne uno e personalizzarlo finché non avrai il tuo sistema. Altri preferiscono un approccio digitale, mentre alcuni preferiscono prendere appunti su schede o in un comune libro. Sebbene tutti (non solo gli scrittori) possano trarre vantaggio dal prendere appunti, sono più utili se scrivi spesso.

Trascrivere eventuali paragrafi o frasi importanti dopo aver redatto una breve sinossi di ogni capitolo. Se hai problemi a condensare le tue idee, fai finta di aver appena ricevuto una pacca sulla spalla e di aver chiesto di spiegare il capitolo che hai appena finito di leggere. Non conoscono l'argomento perché non hanno letto questo libro. Cosa diresti loro per spiegarlo?

Robert Greene spiega come prende appunti in I 3 segreti che mi aiutano a scrivere e pensare.

Quando leggo un libro, cerco nel lavoro gli elementi essenziali che possono essere utilizzati per creare le strategie e le storie che compaiono nei miei libri. Mentre leggo un libro sottolineo passaggi e sezioni importanti e metto delle note... a lato.

Dopo aver finito di leggere, spesso lo metto da parte per un massimo di una settimana e penso profondamente alle lezioni e alle storie chiave che potrebbero essere utilizzate per il mio progetto di libro. Quindi torno indietro e metto queste sezioni importanti sui biglietti da visita.

Non solo leggere molto, ma prestare attenzione al modo in cui le frasi sono assemblate, le frasi sono unite, il modo in cui le frasi vanno a comporre un paragrafo. Esercizi così ossuti come prendi un libro che ti piace davvero, ne leggi una pagina tre, quattro volte, lo metti giù e poi cerchi di imitarlo parola per parola in modo da poter sentire i tuoi stessi muscoli che cercano di raggiungere alcuni dei effetti che ha fatto la pagina di testo che ti piace. Se sei come me, sarà nella tua incapacità di essere in grado di duplicarlo che imparerai davvero cosa sta succedendo. Sembra davvero, davvero stupido, ma in realtà puoi leggere una pagina di testo, giusto? E "Oh, quello era piuttosto buono..." ma non hai alcun senso dell'infinità di scelte che sono state fatte in quel testo fino a quando non inizi a provare a riprodurle.

Scrivi il riassunto del capitolo alla conclusione di ogni capitolo mentre leggi. Quando la tua sessione di lettura è finita, fare questo aiuta a sintetizzare ciò che leggi. Per preparare la tua mente a dove ti trovi nel libro quando domani inizierai a leggere il libro, inizia leggendo i riassunti dei due capitoli precedenti.

Mantieni la tua concentrazione

Prendi la decisione di prestare attenzione al libro solo durante il tempo che stai leggendo. Nessun controllo rapido di Twitter. Nessuna e-mail. Nessun dispositivo mobile. Niente televisione. Non guardare in aria. È necessaria una profonda concentrazione per comprendere e digerire un libro, soprattutto se l'argomento è difficile o denso. Vogliamo che tu legga attivamente, quindi tienilo a mente. La concentrazione e l'impegno sono necessari per la lettura attiva.

In The Shallows, Nicholas Carr fa riferimento a un'epoca precedente a Internet, affermando che "le persone stabilivano le proprie associazioni, traevano le proprie conclusioni e analogie e nutrivano le proprie idee negli spazi calmi aperti dalla lettura estesa e senza distrazioni di un entrambi hanno letto e pensato molto.

Se un libro è troppo lungo o su cui è difficile concentrarti, limita la lettura a sole 25 pagine al giorno. Un testo difficile può essere letto in poco tempo. Possono volerci mesi per finire un lungo libro in questo modo, ma almeno non sarai sopraffatto o annoiato durante la lettura.

Segna la pagina

La maggior parte di noi ha imparato da bambini a non piegare gli angoli delle pagine ea non scrivere mai sui margini poiché i libri sono oggetti preziosi. Tuttavia, dimentica di mantenere i libri in perfette condizioni se vuoi ricordare ciò che leggi. Ho dedicato molto tempo a far dimenticare ai miei figli il divieto di scrivere sui libri.

In effetti, usa marginalia fino in fondo. La tua mente sarà più impegnata durante la lettura se scrivi di più.

Prendi l'abitudine di impegnarti in una conversazione con l'autore prendendo appunti su connessioni e idee fuori tema, sottolineando parti importanti e altro ancora. Alcuni esperti consigliano di creare il proprio indice di pagine importanti o di utilizzare acronimi (ad esempio, Maria Popova di Brain Pickings mette "BL" accanto a qualsiasi bella lingua).

La prima volta che scrivi in un libro può intimidire, ma col tempo favorisce un profondo apprezzamento e un senso di intimità con l'autore.

"Abbiamo tutti preso il confine bianco come nostro / e abbiamo preso una penna se non altro per dimostrare / che non ci siamo semplicemente sdraiati su una poltrona a girare le pagine", scrive Billy Collins in una meravigliosa poesia sulle gioie dei marginalia. "Scusa le macchie di insalata di uova, ma sono innamorato."

Crea un'immagine mentale dettagliata
Il modo migliore per ricordare qualsiasi cosa, anche quello che leggiamo, è creare vivide immagini mentali. Quando incontri un paragrafo o un'idea cruciale, prenditi un momento per riflettere su di esso. Rendi l'immagine il più distinta e distinta possibile.

Sviluppa collegamenti mentali
I libri non esistono per caso. Ci sono molte connessioni tra ogni idea o informazione. Una

strategia efficace per ricordare ciò che leggiamo è tentare di creare i nostri collegamenti.

Secondo The Shallows di Nicholas Carr:

Il legame tra lettore di libri e scrittore di libri è sempre stato strettamente simbiotico, un mezzo di fertilizzazione intellettuale e artistica. Le parole dello scrittore agiscono da catalizzatore nella mente del lettore, ispirando nuove intuizioni, associazioni e percezioni, a volte anche epifanie. E l'esistenza stessa del lettore attento e critico fornisce lo stimolo per il lavoro dello scrittore. Dà all'autore la sicurezza di esplorare nuove forme di espressione, di tracciare percorsi di pensiero difficili ed impegnativi, di avventurarsi in un territorio inesplorato e talvolta pericoloso.

Osserva i modelli mentali

Possiamo comprendere e sintetizzare i libri più facilmente grazie ai modelli mentali. Tra le applicazioni più significative per loro ci sono:

Quali parti di questo testo sto ignorando? Bias di conferma Questo libro supporta ciò in cui credo? (Va bene, ma le tue convinzioni vengono confermate o stai solo vedendo quello che vuoi vedere? Il pregiudizio di conferma potrebbe offuscare il tuo giudizio se non riesci a pensare nemmeno a un elemento del libro con cui non sei d'accordo.)

Aggiornamento bayesiano Quali convinzioni dovrei modificare dopo aver letto questo libro? Come posso utilizzare le informazioni in esso contenute per aggiornare la mia visione del mondo? John Maynard Keynes una volta disse: "Quando i fatti cambiano, io cambio idea. Cosa fai, signore?"

Quali sezioni di questo libro sono le più cruciali e ricche di informazioni, secondo il principio di Pareto? Cosa lascerei fuori da questo libro se dovessi tagliare il 99,9% delle parole? Molti autori devono raggiungere un determinato conteggio di parole o pagine, il che fa sì che le pagine (o anche interi capitoli) vengano riempite di imbottiture e lanugine. Anche le migliori opere di saggistica spesso durano più a lungo del necessario per esprimere pienamente i loro punti. (Va notato che le opere di finzione sono meno suscettibili al principio di Pareto.)

Leverage: come posso usare la conoscenza di questo libro a mio vantaggio? Posso utilizzare queste nuove informazioni in modo pratico?

Cosa incentiva l'autore oi personaggi? Cosa vogliono? Perché sono lì? Nel suo saggio "Quando insegnavo scrittura creativa, dicevo agli studenti di far desiderare subito qualcosa ai loro personaggi, anche se fosse solo un bicchiere d'acqua", Kurt Vonnegut ha discusso il significato degli incentivi nella letteratura.

Anche i personaggi paralizzati dall'insensatezza dell'esistenza moderna a volte hanno bisogno di idratarsi.

Pregiudizio sulla disponibilità Le mie recenti letture di romanzi influenzano il modo in cui vedo questo? In che modo i miei incontri neoterici influenzano ciò che leggo? Sto dando ai passaggi importanti e memorabili di questo libro più peso di quanto meritino?

Propensione agli stereotipi: classifico inconsapevolmente l'autore, i personaggi o l'opera nel suo insieme? O l'autore stereotipa le persone nelle loro storie? Nessuno stereotipo è mai buono; ricordalo sempre.

Prove sociali: in che modo i fattori di prova sociale come i dati sulle vendite, lo stato dei bestseller e le recensioni influenzano la mia opinione su questo libro? L'autore sta cercando di ingannare i lettori usando prove sociali? Gli autori spesso si fanno strada nelle liste dei bestseller, creando prove sociali che guidano vendite significative. Di conseguenza, la letteratura scadente può finire per diventare popolare. È un classico esempio dell'imperatore nudo, di cui i lettori astuti sono a conoscenza.

La necessità di raccontare storie: l'autore sta manipolando i fatti per creare una storia credibile? Biografie, memorie e scritti storici usano spesso questa tecnica. Hayden White spiega la nostra propensione a trasformare la storia in una storia in The Value of Narratively in the Representation of Reality. "Così naturale è l'impulso a narrare, così inevitabile è la forma della narrazione per qualsiasi resoconto del modo in cui le cose sono realmente accadute, che narrativamente potrebbe apparire problematico solo in una cultura in cui era assente", scrive White. Il meta-codice della narrazione è un universale umano. Solo quando vogliamo dare agli avvenimenti genuini una struttura simile a una storia, la narrazione diventa problematica. L'importanza attribuita alla narrazione nella rappresentazione di eventi reali deriva dal desiderio che gli eventi reali riflettano la coerenza, l'integrità, l'integrità e la chiusura di una versione idealizzata della vita che esiste solo nella mente. L'idea che le sequenze di eventi reali abbiano le stesse caratteristiche formali delle storie che raccontiamo su eventi fittizi non può che avere le sue radici nelle speranze, nelle fantasie e nelle fantasticherie. Il mondo ci appare davvero come storie ben congegnate con inizi, fasi centrali e finali chiari, nonché una coerenza che ci consente di percepire "la fine" in ogni inizio? Oppure assume più frequentemente le forme suggerite dalle cronache e dagli annali, come semplici sequenze prive di inizi e di finali o sequenze di inizi che si limitano a concludersi e non continuano mai? E il mondo, compreso il mondo sociale, ci "parla mai" davvero da fuori dell'orizzonte della nostra capacità di comprenderlo scientificamente? Oppure è necessario lo sviluppo dell'autorità morale senza la quale l'idea di una realtà specificamente sociale sarebbe impensabile per la finzione di un tale mondo, un mondo capace di parlare da solo e di rivelarsi come forma di una storia?

Pregiudizio di sopravvivenza Questo libro (di saggistica) riflette davvero la realtà o l'autore ha trascurato i tassi di base? I libri sugli affari, l'auto-aiuto e le biografie mostrano spesso pregiudizi di sopravvivenza. È possibile visualizzare un'istanza specifica di una persona o un'azienda prospera come la regola piuttosto che l'eccezione.

Utilità: i consigli di un libro hanno applicazioni nel mondo reale? Quando iniziano a verificarsi rendimenti decrescenti?

Quando sei annoiato, fermati

Le persone a cui piace leggere in genere non finiscono mai e poi mai un brutto libro.

Non si possono mai leggere troppi pochi o troppi buoni libri, secondo Schopenhauer, che ha anche affermato che "i libri cattivi sono veleno intellettuale; rovinano la mente". La vita è troppo breve per leggere un libro scadente.

Nancy Pearl sostiene la regola dei 50 anni. Ciò comprende la lettura delle prime 50 pagine di un libro prima di determinare se vale la pena continuare a leggere. La regola dei 50 ha una raccomandazione intrigante: dopo aver raggiunto i 50 anni, prendi la tua età su 100 e leggi lo stesso numero di pagine. Perla scrive:

E se, in fondo a pagina 50, tutto ciò che ti interessa veramente è chi sposa chi, o chi è l'assassino, allora vai all'ultima pagina e scoprilo. Se non è nell'ultima pagina, vai alla penultima pagina, o alla terzultima pagina, o comunque indietro devi andare per scoprire quello che vuoi sapere... Quando hai 51 anni o più, sottrai la tua età da 100 , e il numero risultante (che, ovviamente, diminuisce ogni anno) è il numero di pagine che dovresti leggere prima di poter rinunciare senza colpa a un libro... Quando compi 100 anni, sei autorizzato (dalla Regola del 50) a giudicare un libro dalla copertina.

Nasim Taleb sottolinea anche l'importanza di non finire mai un libro scadente:

Nel momento in cui mi annoiavo con un libro o un argomento, passavo a un altro, invece di rinunciare del tutto alla lettura - quando sei limitato al materiale scolastico e ti annoi, hai la tendenza a rinunciare e non fare nulla o fare il pazzo per lo scoraggiamento... Il trucco è annoiarsi con un libro specifico, piuttosto che con l'atto di leggere. Quindi il numero delle pagine assorbite potrebbe crescere più velocemente che altrimenti. E trovi l'oro, per così dire, senza sforzo, proprio come nella ricerca razionale ma non orientata basata su prove ed errori.

«Le cose che stai cercando, Montag , sono nel mondo, ma l'unico modo in cui il tipo medio potrà mai vederne il novantanove per cento è in un libro.»

—Ray Bradbury, Fahrenheit 451

Il processo educativo

La maggior parte delle persone crede che assorbire la conoscenza equivalga a conoscerla. Niente è più falso dell'idea.

La riflessione e il feedback sono componenti fondamentali del processo di apprendimento. Acquisiamo convinzioni basate su esperienze, siano esse nostre o di altri, e, a meno che non ci prendiamo il tempo per riflettere su di esse, rimangono non verificate. I tuoi giudizi saranno instabili se leggi qualcosa senza prenderti il tempo per rifletterci sopra.

Leggiamo libri per una serie di motivi, uno dei quali è il ricco arazzo di dettagli che forniscono, che ci consente di vivere il viaggio dell'autore mentre crea connessioni e riflette, oltre a vedere il mondo attraverso i suoi occhi. Ciò consente al nostro cervello di cogliere le astrazioni dell'autore e quando è più probabile che tali astrazioni abbiano successo e falliscano (grazie alla grande quantità di dettagli).

Usa ciò che hai scoperto.

Allora hai completato il libro. Qual è il prossimo? Come puoi mettere a frutto le tue nuove conoscenze? Invece di andartene semplicemente con il pensiero: "Oh sì, dovrei fare completamente ciò che consiglia l'autore", sii più premuroso. Dedica un po' di tempo a elaborare una strategia e a decidere come applicare gli insegnamenti più importanti del libro.

La lettura da sola non è sufficiente. Contestualizzare la conoscenza è necessario. Quando funziona? Quando non funziona? Dove potrei usarlo? Quali sono i principali fattori? L'elenco continua. Applicare subito ciò che hai imparato può aiutarti a ricordarlo meglio e a dargli contesto e significato.

Utilizzando il metodo Feynman

Richard Feynman, un fisico che ha vinto il Premio Nobel, è onorato con la tecnica Feynman. Può essere visto come un algoritmo di apprendimento garantito. Ci sono quattro semplici passaggi: scegli un argomento, presentalo a un bambino piccolo, trova eventuali lacune e fai riferimento al materiale originale, e infine rivedi e semplifica.

Un metodo efficace per radicare la conoscenza nella tua mente è insegnare agli altri. Questo è un componente del metodo Feynman.

Dopo aver finito un libro, parla con la persona più vicina (consenziente) di ciò che hai imparato. Dovrai eliminare o chiarire qualsiasi gergo, spiegare perché l'informazione è importante e guidare il pubblico attraverso il ragionamento dell'autore. Sembra facile. Una volta provato per la prima volta, vedrai che non è semplice.

Prova a parlare da solo se nessun altro nelle vicinanze è interessato. Quello che faccio è quello. ma forse sono pazzo.

Se ciò non funziona, pubblica una recensione a riguardo su Reddit , Amazon, Goodreads o qualsiasi sito Web in cui è probabile che i lettori siano interessati.

Un vantaggio del nostro gruppo di lettura online è che i partecipanti sono costretti a riflettere su ciò che stanno imparando. I commenti alle domande settimanali che forniamo sulla lettura richiesta sono vari e ben ponderati.

Il gergo scompare e i punti ciechi vengono riempiti. È incredibile da guardare. Di conseguenza, le persone che hanno letto un libro con noi commentano di aver conservato molte più informazioni di quante ne avrebbero altrimenti.

La citazione "Quando leggiamo, un'altra persona pensa per noi: imitiamo semplicemente il suo processo mentale" è attribuita a Schopenhauer. Devi esaminare le tue opinioni e come si comportano di fronte alle critiche se vuoi evitarlo.

Le tue note dovrebbero essere ricercabili.
Le tue note possono essere organizzate in innumerevoli modi, ad esempio per libro, autore, argomento e tempo di lettura. Qualunque sistema tu scelga, purché tu possa individuare le note in futuro, è sufficiente.

Un database di tutte le conoscenze acquisite dalla lettura è uno strumento inestimabile che può essere consultato ogni volta che si ha bisogno di un'idea, si desidera ispirazione o si desidera confermare un pensiero. Accumulerai una banca di conoscenze nel tempo a cui attingere nei momenti di bisogno, incertezza o disastro. È difficile esprimere quanto prezioso potrebbe finire per diventare.

"Grazie alla mia lettura, non sono mai stato colto alla sprovvista da nessun evento, mai perplesso su come un problema sia stato risolto (con successo o senza successo)", ha scritto il generale Mattis . Non mi fornisce tutte le soluzioni, ma illumina quella che spesso è una strada oscura da percorrere.

Hai le seguenti opzioni per catalogare le tue note:

Una scatola di schede che sono organizzate al meglio per argomento, autore o periodo di lettura. Puoi far scorrere le schede indice in giro.

Un libro di luoghi comuni (di nuovo, idealmente organizzato per argomento, autore o tempo di lettura).

Un programma per computer come Microsoft Word, OneNote o Ever-note. Se fai spesso riferimento alle tue note, l'ulteriore vantaggio della capacità di ricerca nei sistemi digitali può farti risparmiare un sacco di tempo.

Prenditi del tempo per esaminare e discutere queste note.

Rileggere (se necessario)

Dovresti leggere la grande letteratura più di una volta. Poiché ci sono così tanti altri libri da leggere, rileggerli potrebbe sembrare una perdita di tempo, ma questa è una comprensione errata di come funziona l'apprendimento. Un libro superbo è meglio rileggerlo subito dopo averlo finito. L'obiettivo è non leggere più libri che puoi; L'ho provato e non funziona. L'obiettivo è imparare il più possibile.

Rileggere libri eccellenti è fondamentale se desideriamo conservare le informazioni in essi contenute. Ci vuole ripetizione per creare ricordi duraturi. Se vuoi imparare dalla lettura qualcosa che ti resti impresso nella mente, come consigliava Seneca, " dovresti prolungare la tua permanenza tra scrittori il cui talento è indiscutibile, traendo da loro un nutrimento costante".

Non c'è modo migliore per concludere questo articolo se non con le sagge parole di Henry Thoreau:

I libri sono la preziosa ricchezza del mondo e la degna eredità di generazioni e nazioni. I libri, i più antichi e i migliori, stanno naturalmente e giustamente sugli scaffali di ogni cottage. Non hanno motivi propri da perorare, ma mentre illuminano e sostengono il lettore, il suo buon senso non li rifiuterà. I loro autori sono un'aristocrazia naturale e irresistibile in ogni società e, più che re o imperatori, esercitano un'influenza sull'umanità.

Capitolo 5

Come studiare per gli esami

Qualunque sia il tuo voto o la tua materia, seguire i consigli può aiutarti a imparare a studiare in modo più rapido ed efficiente. Seguire questi suggerimenti ti aiuterà a essere ben preparato per qualunque esame tu sosterrà e allevierà la frustrazione di passare ore a studiare solo per dimenticare tutto quando è il momento di sostenere il test.

Suggerimenti su come studiare per un test: suggerimenti generali

Qualsiasi test o lezione per cui ti stai preparando beneficerà dei quattro consigli elencati di seguito. Con l'aiuto di queste idee, puoi imparare a studiare in modo efficace ed essere pronto per eventuali test futuri che potresti sostenere.

1. **Mantenere un programma di studio.**

Stabilire un orario di studio potrebbe essere di grande aiuto se fai fatica a studiare frequentemente. La tua mente si abitua a qualcosa eseguendola frequentemente. Alla fine diventerà un'abitudine che è (di solito) semplice da mantenere se stabilisci un orario per studiare ogni giorno e ti attieni ad esso. La tua concentrazione e la tua resistenza mentale aumenteranno gradualmente se sviluppi una routine di studio regolare. Inoltre, proprio come con qualsiasi forma di allenamento, lo studio diventa più facile con la pratica.

Determina quanto spesso puoi studiare senza comprimere troppo il tuo programma dando uno sguardo onesto al tuo programma, che dovrebbe includere tutto il tuo lavoro, le attività extrascolastiche e altri impegni. Cerca di trascorrere almeno un'ora due volte a settimana. Quindi, scegli un orario adatto a te per studiare, come il martedì, il giovedì e la domenica dalle 19:00 alle 20:00, e rispettalo. All'inizio potresti aver bisogno di adattare la tua routine, ma alla fine troverai il ritmo di studio che funziona meglio per te. È fondamentale prendere un impegno e studiare alla stessa ora ogni settimana, se possibile.

2. **Inizia a studiare prima e dedica meno tempo allo studio.**

Alcuni individui possono studiare a lungo la notte prima del test e ricevere comunque un voto positivo. Ma non è così comune come potresti pensare. La maggior parte delle persone richiede un'esposizione ripetuta al materiale per un periodo di tempo per impegnarlo veramente nella memoria. Ciò indica che dovresti dividere il tuo studio in periodi più piccoli distribuiti su un periodo di tempo più lungo piuttosto che fare un'unica lunga sessione di studio. Una singola sessione di studio di cinque ore non sarà utile quanto cinque sessioni di studio di un'ora distribuite su una settimana. Imparare per quanto tempo e quanto spesso dovresti studiare per un corso può richiedere del tempo, ma una volta fatto, sarai in grado di ricordare il materiale di cui hai bisogno e ridurre parte dello stress che deriva da accademici, test e studio.

3. Elimina le distrazioni

Potresti essere molto tentato di fare "brevi pause" dal tuo lavoro quando studi, soprattutto se è per una materia che non ti piace. Siamo circondati da innumerevoli distrazioni che tentano di distogliere la nostra attenzione dal lavoro in corso. Tuttavia, soccombere alla tentazione può essere un'esperienza terribile. Uno sguardo casuale al tuo telefono può trasformarsi rapidamente in un'ora di navigazione online, il che non ti aiuterà a raggiungere il voto che desideri. Rimuovi tutte le distrazioni dalla tua area di studio per evitare che si verifichino.

Prima di iniziare a studiare, consuma un pasto o uno spuntino per evitare la tentazione di usare il frigorifero come distrazione. Metti il telefono in modalità silenziosa e tienilo in un'altra stanza. Se il tuo WIFI non è necessario quando studi al computer, spegnilo. Fai in modo che non puoi lasciare il tuo spazio di studio fino a quando il tempo di studio assegnato non è terminato.

4. Festeggia i tuoi successi premiando te stesso

Ogni volta che raggiungi un traguardo di apprendimento, concediti qualcosa di piccolo per rendere lo studio un po' più piacevole. Per ogni 25 flashcard su cui ti metti alla prova, ad esempio, potresti mangiare una caramella, o per ogni ora che passi a studiare, potresti usare il telefono per 10 minuti. Puoi anche ricompensarti più generosamente per obiettivi a lungo termine, come uscire per un gelato dopo una settimana di disciplinato comportamento di studio. Non è sempre semplice studiare in modo efficiente, ma ricompensandoti rimarrai motivato.

Suggerimenti per conservare le informazioni dopo averle apprese

Sebbene leggere gli appunti delle lezioni sia l'approccio tradizionale allo studio, è davvero uno dei modi meno efficienti per apprendere e ricordare le informazioni. Questa sezione copre quattro tecniche molto più pratiche. Al contrario di esaminare passivamente gli appunti, includono tutti l'apprendimento attivo, in cui rivedi attivamente l'argomento. Consigliamo lo studio attivo per qualsiasi test per il quale ti stai preparando perché è stato dimostrato che è una strategia molto più efficace per comprendere e conservare le informazioni.

5. Riformula il contenuto con parole tue

È semplice perdersi in un libro di testo e dare un'occhiata indietro a una pagina solo per scoprire che hai dimenticato tutto ciò che hai letto. Per fortuna, c'è una soluzione per evitare questo.

Assicurati di fare delle pause mentre leggi per qualsiasi classe che ha molti compiti di lettura. Considera ciò che il testo ha appena detto senza guardare, quando ti fermi alla conclusione di ogni paragrafo, pagina o capitolo (quanto puoi leggere in una volta e ricordare ancora chiaramente dipenderà probabilmente dall'argomento che stai leggendo). Riformulalo con parole tue e, se ti aiuta, crea dei punti elenco. Controlla se hai descritto accuratamente il contenuto e incluso tutti gli aspetti cruciali leggendo di nuovo il materiale. Dopo aver preso nota di tutto ciò che ti sei perso, continua a leggere da dove eri rimasto.

Riformulare il testo è una tecnica di studio molto utile, sia che tu decida di prendere appunti sia che tu preferisca leggere il riassunto ad alta voce. Invece di muovere semplicemente gli occhi su una pagina senza leggere, puoi assicurarti di memorizzare effettivamente il materiale e di comprenderne il significato riformulando il contenuto con parole tue

6. Sviluppa schede flash

Un metodo di studio comune sono le flashcard, e anche per una buona ragione! Sono più semplici da creare, trasportare e utilizzare per una breve sessione di studio rispetto al semplice sfogliare pagine di appunti, e sono più efficienti di così. Creare le tue flashcard è molto utile perché semplicemente annotare il materiale sulle carte ti aiuterà a ricordarlo. Le flashcard sono il miglior strumento di studio per qualsiasi materia in cui è necessario ricordare le relazioni tra termini e dati, come matematica, vocabolario, equazioni o date storiche. Quando si studia utilizzando le flashcard, si consiglia il metodo Waterfall perché è il modo più rapido per ricordare tutto sulle carte.

7. Passa la conoscenza agli altri

Un approccio fantastico per organizzare le tue conoscenze e valutare la tua comprensione è insegnare a qualcun altro. Ti dimostra spesso che conosci l'argomento meglio di quanto pensi. Trova un compagno di studio, un amico, un parente, un animale domestico, o anche semplicemente una statuina o un peluche, e insegna loro le informazioni come se fossero qualcosa che non avevano mai sentito prima. Insegnare qualcosa ad alta voce ti costringe a riformulare le informazioni in modi nuovi e pensare più attentamente a come tutti i componenti si incastrano, indipendentemente dal fatto che la persona a cui stai insegnando sia reale o meno. Scorrere il contenuto di questo nuovo approccio ti rende anche più semplice impegnarlo nella memoria.

8. Crea le tue guide allo studio

Ti consigliamo vivamente di creare i tuoi materiali di studio anche se il tuo insegnante ti dà consigli di studio. Realizzare tu stesso i materiali aiuterà le informazioni a rimanere impresse nella tua mente e potrai progettare le tue guide di studio per utilizzare flashcard, foto, grafici o altri metodi di apprendimento che funzionano meglio per te. Se ti stai preparando per un esame di biologia, puoi, ad esempio, creare la tua cellula ed etichettare le parti, creare un diagramma del ciclo di Krebs, creare una catena alimentare, ecc. Includere illustrazioni come diagrammi e fotografie nei materiali di studio se preferisci imparare visivamente o se semplicemente ami farlo.

Creare i tuoi grafici e diagrammi potrebbe richiedere di ricreare a memoria quelli trovati nel tuo libro di testo o potrebbe richiedere di mettere insieme varie informazioni da solo. Annotare le tue informazioni e creare immagini da esse sarà un approccio eccellente per aiutarti a ricordare l'argomento, indipendentemente dallo stile del diagramma o dalla classe.

Studiare per un esame di storia

Il numero di fatti e date da ricordare per gli esami di storia è noto. Usa questi due suggerimenti per rendere più semplice ricordare la conoscenza.

9. Osserva cause ed effetti

È semplice e allettante esaminare semplicemente lunghi elenchi di date relativi a eventi significativi, ma questo probabilmente non sarà sufficiente per ottenere buoni risultati in un test di storia, in particolare se comporta la scrittura. Concentrati sulla comprensione delle cause del conflitto e dei suoi effetti a lungo termine sul mondo piuttosto che limitarti a studiare le date significative, ad esempio, della prima guerra mondiale. Sarai in grado di collegare eventi significativi ai grandi temi storici che stai studiando se comprendi le cause e le conseguenze di tali eventi. Inoltre, conoscere ulteriori dettagli su un evento ti aiuterà spesso a ricordare i più piccoli dettagli e le date associate.

10. Crea i tuoi orari

Per un test di storia, potresti dover conoscere molte date. Non dare per scontato che la semplice lettura dei tuoi appunti ad alta voce sia sufficiente in queste situazioni. Se ti limiti a leggere un elenco di date, ci vorrà un po' prima che tutte si fissino nella tua memoria, a meno che tu non abbia una memoria eccezionale. Crea invece la tua sequenza temporale.

Assicurati che la tua prima sequenza temporale sia ben organizzata, con tutti i dettagli necessari disposti in uno stile che abbia senso per te (questo sarà in genere cronologico, ma puoi anche scegliere di organizzarlo per tema). Usa colori diversi, evidenzia le informazioni chiave, disegna frecce per collegare le informazioni, ecc. per rendere questa sequenza temporale il più chiara e utile possibile. Riscrivi la tua cronologia a memoria quando hai studiato abbastanza a lungo da sentirti sicuro della tua comprensione delle date. Includi quante più informazioni riesci a ricordare; non deve essere bello e ordinato. Scrivi linee temporali a memoria mentre studi in questo modo finché non avrai tutta la conoscenza nella tua testa.

Come Prepararsi per un Esame di Matematica

Molti studenti trovano i test di matematica particolarmente intimidatori, ma se sei ben preparato, spesso possono essere semplici.

11. Ripristino dei problemi di assegnazione

I test di matematica in genere assomigliano ai tuoi recenti compiti a casa più di altre valutazioni. Ciò implica che puoi esercitarti a risolvere dozzine di problemi pratici nei tuoi compiti. Prova a ripassare le domande di esercitazione di ogni materia su cui verrai valutato, prestando particolare attenzione alle domande con cui hai avuto problemi. Non ripetere semplicemente la tua soluzione iniziale al problema. Invece, rielabora il problema, nascondi i tuoi appunti e trova una nuova soluzione. Quando hai finito, rivedi la tua risposta. Ciò garantirà di conservare la conoscenza e di avere una comprensione approfondita dei concetti.

12. Crea un foglio di formula

Può essere difficile ricordare tutte le formule che usi durante le lezioni di matematica e quando applicarle. Man mano che impari formule nuove e cruciali durante tutto l'anno, inseriscile in un foglio di formule che hai creato. Includi un problema di esempio che utilizza la formula insieme a eventuali note che hai su quando applicare ciascuna formula. Avrai un utile riferimento per le conoscenze essenziali che hai imparato quando arriverà il tuo prossimo test di aritmetica.

Come prepararsi per un test in inglese

Ecco due suggerimenti per la preparazione, indipendentemente dal fatto che il tuo test di inglese richieda o meno di scrivere.

13. Prendere appunti durante la lettura

Può essere allettante leggere la lettura per la tua lezione di inglese il prima possibile prima di passare a qualcos'altro. Tuttavia, questo è un metodo scadente di conservazione delle informazioni e il giorno del test potresti avere difficoltà a ricordare gran parte di ciò che hai letto. Inoltre, sottolineare parti significative è un metodo di studio troppo passivo. Prendere appunti è un'ottima tecnica per assicurarti di ricordare ciò che leggi. Sebbene richieda più tempo e impegno, farlo ti aiuterà a ricordare il materiale? Inoltre, non dovrai sfogliare frettolosamente il libro per cercare di ricordare ciò che hai letto perché avrai a disposizione una pratica guida allo studio quando sarà il momento di studiare. I tuoi appunti saranno più utili se ci penserai di più. Se ha senso per te, considera di raggrupparli in base a tema, personaggio o un'altra categoria.

14. Crea schemi di saggi di esempio

Creare schemi di saggio mentre studi è uno dei migliori metodi per essere pronto se il test che stai sostenendo richiede che tu scriva un saggio. Prendi in considerazione possibili argomenti di saggio su cui ti potrebbe essere chiesto di scrivere dal tuo insegnante. Pensa ai concetti chiave, ai personaggi, alle trame, alle analogie letterarie, ecc. che hai trattato in classe e annota alcuni possibili argomenti del saggio. Fare semplicemente questo ti incoraggerà a pensare in modo critico alle informazioni e migliorerà la tua preparazione al test.

Scrivi gli schemi per le domande che ti vengono in mente dopo (oppure, se ti vengono in mente molti suggerimenti, scegli quelli più adatti a delineare). Questi schemi devono solo includere la tua tesi e alcuni elementi importanti per ogni paragrafo del corpo; non hanno bisogno di essere particolarmente dettagliati. Anche se il tuo insegnante sceglie un suggerimento diverso da quello che ti è venuto in mente, la semplice pianificazione dell'argomento e della struttura organizzativa del saggio ti renderà più preparato per il test.

Azioni da intraprendere la sera prima dell'esame

Sfortunatamente, molti studenti prendono decisioni sullo studio la sera prima di un test che riducono effettivamente le loro possibilità di ottenere un buon punteggio. Puoi condurre una revisione finale utilizzando questi tre suggerimenti e sarai al top del tuo gioco il giorno seguente.

15. Dormire a sufficienza

Essere ben riposati prima di sostenere un esame è uno dei modi migliori per prepararsi, indipendentemente dal tipo. Cercare di memorizzare i fatti restando svegli tutta la notte è una strategia di studio inefficace, ed essere esausti il giorno successivo potrebbe influire negativamente sulle tue capacità di sostenere i test. La notte prima del test, cerca di dormire otto ore buone in modo da poterti svegliare riposato e pronto per superare l'esame.

16. Rivedi le idee chiave

Può essere allettante provare a rivedere quanto più materiale possibile la notte prima di un test, ma questo probabilmente ti renderà semplicemente stressato e sopraffatto dal materiale che stai cercando di ricordare. Se hai rivisto il materiale in modo coerente durante tutto il corso, non dovresti aver bisogno di molto di più di una rapida revisione dei concetti principali e, possibilmente, di alcuni dei piccoli dettagli che trovi difficili da ricordare. Anche se stai cercando di recuperare i tuoi studi e stai provando a rivedere molto materiale, resisti alla necessità di stipare e concentrarti solo su alcuni temi chiave. Mantenere un modesto ripasso notturno aumenterà le tue possibilità di apprendere il materiale e ti impedirà di rimanere sveglio fino a tardi a studiare.

17. Fai i compiti poco prima di andare a letto

Secondo gli studi, rivedere il materiale appena prima di andare a letto migliora il richiamo della memoria il giorno seguente. (Questo vale anche se studi il materiale non appena ti svegli.) Questo non significa che dovresti stare sveglio tutta la notte a studiare (ricorda il consiglio n. 15), ma esamina qualsiasi materiale importante che vuoi rivedere o hai difficoltà memorizzare appena prima di andare a letto.

www.ingramcontent.com/pod-product-compliance
Lightning Source LLC
LaVergne TN
LVHW052047160826
845678LV00015B/3131

* 9 7 9 8 3 7 0 5 4 4 2 6 2 *